人类奥秘探索小窗

史前的文明

信自立 著

吉林美术出版社 | 全国百佳图书出版单位

亲爱的小朋友，我们人类是地球上最具智慧的生命，我们应该认清我们自己，因为人类是地球的主人，是万物之灵，是自然发展的高级阶段。

生命现象是我们人类最关心的，因为是关系我们产生、存在与发展的问题。千百年来，人们总是在问我们是从哪儿来的呢？人类又是怎样发展的呢？我们身体的每一个器官组成了我们人体，每一个器官都有不同的功能，同时还蕴藏着许多奥秘。认识我们人体，就是认识我们自己。

我们人类自从产生后，便创造了悠久灿烂的社会历史，但是随着时间慢慢流逝，人类历史也给我们留下了许多未解之谜。特别是史前世界什么样呢？为什么地球上会出现高度发达的史前科技呢？我们地球上出现了许多古老的高度文明的遗迹，包括名胜、古迹、古城、古堡等，这些是怎么形成的呢？

　　总之，我们人类社会的丰富多彩与无限魅力就在于那许许多多的难解之谜，使我们不得不密切关注和发出疑问。我们总是不断地去认识它、探索它。虽然今天的科学技术日新月异，达到了很高程度，但对于人类无限的奥秘谜团还是难以圆满解答。

　　为了激励广大小读者认识和探索人类社会的奥妙，开启人类奥秘探索的小窗口，我们根据中外最新研究成果，特别编辑了本套作品，主要包括人类人体、史前文明、历史谜团、名胜古迹、宝藏秘密等奥秘现象、未解之谜和科学探索诸内容，具有很强科学性、前沿性和新奇性。

　　本套作品知识全面、内容精练、深入浅出，通俗易懂，图文并茂，形象生动，非常适合广大小读者阅读和收藏，其目的是使广大小读者在兴味盎然地领略人类奥秘现象的同时，培养我们的科学兴趣和好奇心理，加深思考，启迪智慧，开阔视野，增加知识，激发我们热爱科学和追求探索的热情。

目录
Contents

史前人类化石的发现 6

探索玛雅文明的奥秘 16

史前文明毁于大洪水吗 ..27

史前文明毁于核大战吗 ..35

南极史前文明消失之谜 ..45

月亮是史前人造天体吗 ..54

太阳神巨像失踪之谜 68

失落的利莫里亚文明 81

复活节岛文明之谜 89

子虚乌有的古希腊文明 ..96

古希腊的克里特文明 108

爱琴海的迈锡尼文明 120

史前人类化石的发现
shǐ qián rén lèi huà shí de fā xiàn

六千五百万年前的化石
liù qiān wǔ bǎi wàn nián qián de huà shí

在美国得克萨斯州的瑞拉克西河河床中发现有生活在6500万年前的恐龙的脚印，考古学家们吃惊地在恐龙脚印化石旁0.45米的地方，同时发现有12块人的脚印化石，甚至有一

gè rén de jiǎo yìn dié gài zài yí gè sān zhǐ kǒng lóng jiǎo yìn shàng
个人的脚印迭盖在一个三指恐龙脚印上。

bǎ huà shí cóng zhōng jiān qiē kāi fā xiàn jiǎo yìn xià de jié miàn
把化石从中间切开，发现脚印下的截面

yǒu yā suō de hén jì zhè shì fǎng zhì pǐn wú fǎ zuò dào de xiǎn rán
有压缩的痕迹，这是仿制品无法做到的，显然

bú shì jiǎ mào de
不是假冒的。

lìng wài zài fù jìn tóng yī yán céng hái fā xiàn rén de shǒu zhǐ huà
另外在附近同一岩层还发现人的手指化

shí hé yì bǎ rén zào tiě chuí yǒu yì jié shǒu bǐng hái jǐn jǐn liú zài
石和一把人造铁锤，有一截手柄还紧紧留在

tiě chuí de tóu shang zhè ge tiě chuí de tóu bù hán yǒu tiě
铁锤的头上。这个铁锤的头部含有96.6%铁，

liú hé lǜ
0.74%硫和2.6%氯。

这是一种非常奇异的合金。

现在都不可能造出这种氯和铁化合的金属来。一截残留的手柄已经变成煤。要想在短时间内变成煤，整个地层要有相当的压力，还要产生一定的热量才行。如果锤子是掉在石缝中的，由于压力和温度不够，就不存在使手柄煤化的过程。

这说明岩层在变硬、固化的时候，锤子就在那儿了。发现人造工具的岩层和恐龙足迹

所在岩层是一致的，而其他岩层都没有恐龙足印和人造工具。这说明人类和恐龙的确曾生活在同一时代。

发现不同年代的化石

1913年，德国科学家在坦桑尼亚峡谷发现一具完整的现代人类骨骼，它处在约100万年前的地层中。西班牙古生物学家在该国北部布尔戈斯省阿塔普埃卡山区，发现了30万年前的史前人类骨盆化石、股骨以及一些石制工具。1965年，考古学家在肯尼亚的发现一件经鉴定为400万年前的人类上臂肱骨化石。美

9

guó jiā zhōu dà xué de jiào shòu chēng　　cǐ gōng gǔ hé xiàn dài rén de gōng
国加州大学的教授称，此肱骨和现代人的肱

gǔ jī hū méi yǒu rèn hé chā bié
骨几乎没有任何差别。

　　nián　　zài kěn ní yà de yí gè hú zhōng fā xiàn de dà
　　1972年，在肯尼亚的一个湖中发现的大

tuǐ gǔ huà shí jī hū hé xiàn dài rén lèi xíng tài shí fēn xiāng sì　　qí nián
腿骨化石几乎和现代人类形态十分相似，其年

dài shì zài　　　　wàn nián qián
代是在200万年前。

　　nián　　kǎo gǔ xué jiā zài fēi zhōu tǎn sāng ní yà běi
　　1976年，考古学家在非洲坦桑尼亚北

bù　dōng fēi dà liè gǔ dōng xiàn　　yí gè jiào lì tè lǐ de dì fang
部、东非大裂谷东线，一个叫利特里的地方

fā xiàn le yì zǔ hé xiàn dài rén tè zhēng shí fēn lèi sì de jiǎo yìn
发现了一组和现代人特征十分类似的脚印，

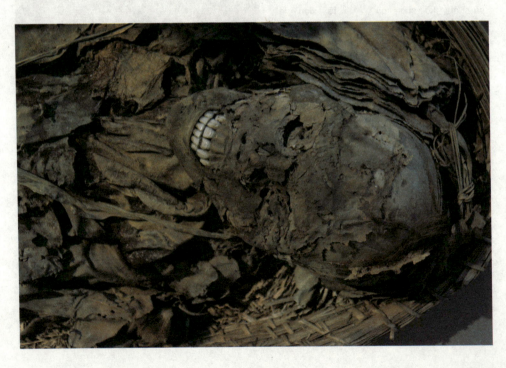

这些脚印印在火山灰沉积岩上，据放射性测定，那火山灰沉积岩有340万年至380万年的历史。脚印共两串，平行紧挨着分布，延伸了约27米。

从这些足迹可以明显地看出，其软组织解剖特征明显不同于猿类。重力从脚后跟传导，通过脚的足弓外侧、拇指，最后传导到大脚拇指，大脚拇指是向前伸直的，而猩猩及南方古猿直立行走时，重力从脚后跟传导，但通过脚的外侧传导至脚中指，并且大脚拇指向侧面伸出。

发现史前小巨人

2010年9月7日，中科院地球环境研究所研究人员发现一具身高为1.93米的人类骨骼遗存，这是在目前发现的史前人类化石中个体最完整也是身高最高的。这具史前个子最高

的人类化石，是由中科院地球环境研究所祝一志研究员、陕西省考古研究所杨亚长教授共同在陕西省商南县过风楼遗址发现的。

　　形态学研究表明，该人骨为男性，年龄约16岁至18岁，体质特征与现代南亚蒙古人种最为接近。研究人员对这一人类骨骼进行了详细的研究，结果显示该古人类生活在4200年前龙山文化时期，与周边出土陶器的时代可以进行良好对比。这具龙山文化晚期的"小巨人"遗骸的发现，无疑为我国史前人类的"体质人类学研究"提供了宝贵的材料。

　　据祝一志研究员介绍，目前还有一些疑问不得其解：

　　其一，由于从"小巨人"遗骸上看不出生理性病变的任何迹象，因此像小巨人这种身高是否属于正常？抑或是一种病理现象？

qí èr, xiǎo jù rén
其二，小巨人
nián jì shàng qīng dàn qí sǐ
年纪尚轻，但其死
yīn shàng bù qīng chu
因尚不清楚。

qí sān, xiǎo jù rén
其三，小巨人
tóu gǔ yòu cè dǐng gǔ shang yǒu
头骨右侧顶骨上有
gè zuān kǒng xiǎn rán shì yǒu
3个钻孔，显然是有
yì wéi zhī dàn shì dāng shí
意为之，但是当时
zuān kǒng de zhēn zhèng yòng yì shì
钻孔的真正用意是
shén me tā men tuī cè dāng
什么？他们推测当
shí de yī shēng yǐ jīng jìn xíng
时的医生已经进行
tóu bù shǒu shù zhì liáo
头部手术治疗。

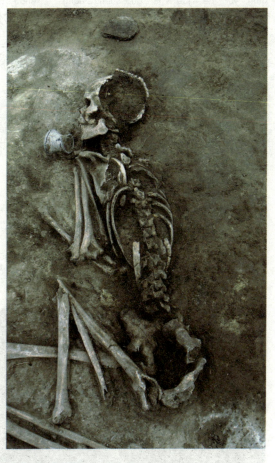

宜兴首次发现史前骨化石
yí xīng shǒu cì fā xiàn shǐ qián gǔ huà shí

nián zài jiāng sū shěng yí xīng zhú hǎi shēn chù yí gè
2010年，在江苏省宜兴竹海深处，一个
jù dà de dì xià róng dòng zhèng zài dé dào fā jué jié zhì yuè
巨大的地下溶洞正在得到发掘。截至12月19
rì róng dòng píng xíng fā jué yán shēn cháng dù chāo guò mǐ bìng chū
日，溶洞平行发掘延伸长度超过200米，并出
xiàn yǔ zhǔ dòng xiāng lián de gè cè xiàng páng zhī dòng xué zài róng dòng
现与主洞相连的5个侧向旁支洞穴。在溶洞

清淤和掘进过程中，首次发现史前骨化石，以及史前人类生命活动痕迹，江苏省有关地质专家初步认为洞顶岩石的形成起码已有3亿年，从溶洞平整度和延伸长度分析，国内地下溶洞罕见其例。

施工人员在距洞口约150米处的一个支洞洞口处，发现了20多块骨化石，它们看上去

像头盖骨、牙齿、四肢骨等。这些骨化石，外表大多呈白色。四肢骨看上去特别粗壮，牙齿表面洁白光滑，每粒牙齿宽约4.5厘米，高约2厘米。

景区管理处方面请无锡市考古研究所专家到实地进行了考证，考古人员初步判断它们至少是1000万年以前的动物或人类化石，如果古洞里发现的骨化石属于大型远古动物，说明当时的溶洞空间很大。因为几万年前的旧石器时代，人类使用的是石器，很难在野外把猎获的大型动物分割，有些动物是活着弄进古洞的。这一切都属于推测，这些远古骨化石的来源是否有其他原因，要等到进一步发掘后才能定论。

探索玛雅文明的奥秘

玛雅文明的发现

许多人都听说过玛雅这个文明的传说，大部分人对于玛雅人的印象与美洲丛林脱离不了关系。提到玛雅人，多数人脑海中浮现的是

一群身着鲜艳羽毛服饰的印第安人，绕着圈圈在月光下进行着神秘的仪式，中间站着法术高强的祭司。

的确，玛雅人居住的地点就在今天的中美洲，神秘的遗迹也在幽静的丛林里，然而有几个人知道，玛雅人跟远在地球另一边的我国人与蒙古人有密切的关系。他们留下来的巨大石造遗迹与高超的艺术作品，连今天的技术都

wàng chén mò jí
望 尘 莫 及。

1502年，哥伦布在最后一次远航美洲
时，在洪都拉斯海湾地区的市场上曾见到一
种制作精美的陶盆。据当地的商人说，这种
陶盆是从一个叫玛雅的地方运来的。这是欧洲
人首次听到玛雅这个名字，在当时显然并没有
引起特别的注意。

1511年，有一艘西班牙海船从巴拿马驶
向圣多明各，在途中遭遇海难沉没，12个幸
存者在尤卡坦半岛登陆。两周之后，这些人与

玛雅人遭遇，有5名船
员成为祭坛上的牺牲
品。逃脱的幸存者回到
了西班牙占领区，他们
的经历是欧洲人对于玛
雅人的首次见闻。

1519年，西班牙探险者科尔特斯在征服墨西哥的阿兹特克帝国之后向北部和西部推进，1542年在尤卡坦建立第一个殖民地，以后逐步深入玛雅地区。

发现过程

西班牙人在16世纪时进入南美洲，他们以入侵者的角度占领这个全新的大陆。当时中南美洲的住民过着原始的农业生活，对于西班牙人的坚船利炮自然是毫无招架之力，

很快地西班牙人也将他们的信仰带到此地，有
两个传教士看到了当地人信仰巫术与迷信，
就放了一把火把他们所藏的古老典籍全部给烧
毁了。谁知道这些书
不是别的，它们正是
消失已久的玛雅人遗留
下来的知识宝典，里
面详细记载了他们当
年辉煌的科学成就与

文化。也许是天意如此吧！今天研究玛雅文明的学者只能从断简残篇中拼凑出玛雅当年的盛况。

玛雅文明遗址

卡拉克穆尔遗址在今墨西哥坎佩切州境内，面积约30平方千米。卡拉克穆尔是玛雅文明古典时期最重要的城邦之一。在玛雅的时代，她是城邦"Kana"的首都。因此卡拉克穆尔的王朝也被称为"蛇之王朝"。

奇琴伊察是一处庞大的前哥伦布时期的考古遗址。奇琴伊察由玛雅文明所建，坐落在今墨西哥境内的犹加敦半岛北部，也是世界新七大奇迹之一。

科巴是墨西哥尤卡坦半岛上的一个玛雅文明的城市遗址，位于加勒比海岸以西40千米，图卢姆西北44千米，奇琴伊察以东90千

米。科潘遗迹位于洪都拉斯西部的科潘省，靠近危地马拉边境。科潘是玛雅文明古典时期最重要的城邦之一。在当时，她是玛雅诸邦中最靠南的一个。科潘王国的历史可以追溯至2世纪，在5世纪至9世纪达到鼎盛，然后同其他古典时期各个玛雅城邦一样，突然衰落并被彻底遗弃在丛林之中。

蒂卡尔是玛雅文明中最大的遗弃都市之一。它坐落于危地马拉的佩腾省。蒂卡尔在玛雅语中是"声音之地"或者"舌头之地"的意思。

碑铭上的玛雅象形文字常常称它为穆塔或雅克斯穆塔，意为"绿色的捆"，也有可能是"第一预言"的隐喻。这些都可能是蒂卡尔古代的名字。乌斯马尔是位于墨西哥尤卡坦州的大型玛雅古城遗址。1994年，被联合国

教科文组织列入世界文化遗产。

乌斯马尔在古玛雅语中意为"植三棵树",但也有玛雅语专家执有异议。帕伦克遗址,在今墨

西哥恰帕斯州境内的尤卡坦半岛上。帕伦克是玛雅文明古典时期最重要的城邦之一。波南帕克是玛雅文明的城市之一,位于墨西哥的恰帕斯州。考古学家曾在这里发现精美的壁画与国王的石棺,而遗迹的建筑可以追溯至古典早期580年至800年。

丛林里的巨石遗迹

玛雅的金字塔可说是仅次于埃及金字塔的最出名的金字塔建筑了。他们看起来不太一样,埃及金字塔是金黄色的,是一个四角锥

23

形，经过几千年风吹雨打已经有点腐蚀了。

玛雅的金字塔比较矮一点，也是由巨石堆成，石头是灰白色的，整个金字塔也是灰白色的，他不完全是锥形的，顶端有一个祭神的神殿。玛雅金字塔四周各有4个楼梯，每个楼梯有91阶，4个楼梯加上最上面一阶共365阶，刚刚好是一年的天数。

玛雅人非常重视天文学的数据，他的建

zhù lǐ chù chù dōu shì zhè xiē guān yú tiān tǐ yùn háng guī lù de shù zì
筑里处处都是这些关于天体运行规律的数字。

chú le jiē tī shù mù wài   jīn zì tǎ sì miàn gè yǒu   gè sì jiǎo fú
除了阶梯数目外，金字塔四面各有52个四角浮

diāo   biǎo shì mǎ yǎ de yí shì jì   nián
雕，表示玛雅的一世纪52年。

mǎ yǎ de tiān wén tái yě shì chōng mǎn tè sè de jiàn zhù wù
玛雅的天文台也是充满特色的建筑物。

yǐ jīn tiān de yǎn guāng lái kàn   bú lùn gōng néng shàng huò wài guān shàng
以今天的眼光来看，不论功能上或外观上，

mǎ yǎ de tiān wén tái yǔ xiàn zài de tiān wén tái shí fēn lèi sì   zhè xiē
玛雅的天文台与现在的天文台十分类似。这些

jiàn zhù wù yǐ jīn tiān de jiǎo dù kàn yě zú yǐ lìng rén chēng qí
建筑物以今天的角度看也足以令人称奇。

yǐ mǎ yǎ jīn zì tǎ lái shuō   jù dà de shí kuài rú hé qiè
以玛雅金字塔来说，巨大的石块如何切

záo   bān yùn dào cóng lín de shēn chù   zài bǎ yí kuài kuài   duō dūn de
凿，搬运到丛林的深处，再把一块块10多吨的

shí kuài duī jī qǐ lai   duī gāo zhì   mǐ chù   yào shi méi yǒu xiān jìn
石块堆积起来，堆高至70米处，要是没有先进

<ruby>的<rt>de</rt></ruby><ruby>交<rt>jiāo</rt></ruby><ruby>通<rt>tōng</rt></ruby><ruby>工<rt>gōng</rt></ruby><ruby>具<rt>jù</rt></ruby><ruby>及<rt>jí</rt></ruby><ruby>起<rt>qǐ</rt></ruby><ruby>重<rt>zhòng</rt></ruby><ruby>设<rt>shè</rt></ruby><ruby>备<rt>bèi</rt></ruby>，<ruby>是<rt>shì</rt></ruby><ruby>难<rt>nán</rt></ruby><ruby>以<rt>yǐ</rt></ruby><ruby>完<rt>wán</rt></ruby><ruby>成<rt>chéng</rt></ruby><ruby>这<rt>zhè</rt></ruby><ruby>个<rt>ge</rt></ruby><ruby>任<rt>rèn</rt></ruby><ruby>务<rt>wu</rt></ruby><ruby>的<rt>de</rt></ruby>。<ruby>而<rt>ér</rt></ruby><ruby>生<rt>shēng</rt></ruby><ruby>活<rt>huó</rt></ruby><ruby>在<rt>zài</rt></ruby><ruby>丛<rt>cóng</rt></ruby><ruby>林<rt>lín</rt></ruby><ruby>里<rt>lǐ</rt></ruby><ruby>的<rt>de</rt></ruby><ruby>民<rt>mín</rt></ruby><ruby>族<rt>zú</rt></ruby>，<ruby>为<rt>wèi</rt></ruby><ruby>什<rt>shén</rt></ruby><ruby>么<rt>me</rt></ruby><ruby>要<rt>yào</rt></ruby><ruby>花<rt>huā</rt></ruby><ruby>这<rt>zhè</rt></ruby><ruby>么<rt>me</rt></ruby><ruby>大<rt>dà</rt></ruby><ruby>的<rt>de</rt></ruby><ruby>工<rt>gōng</rt></ruby><ruby>夫<rt>fu</rt></ruby>，<ruby>建<rt>jiàn</rt></ruby><ruby>立<rt>lì</rt></ruby><ruby>一<rt>yí</rt></ruby><ruby>个<rt>gè</rt></ruby><ruby>天<rt>tiān</rt></ruby><ruby>文<rt>wén</rt></ruby><ruby>观<rt>guān</rt></ruby><ruby>测<rt>cè</rt></ruby><ruby>网<rt>wǎng</rt></ruby>？

　　<ruby>历<rt>lì</rt></ruby><ruby>史<rt>shǐ</rt></ruby><ruby>记<rt>jì</rt></ruby><ruby>载<rt>zǎi</rt></ruby>，<ruby>望<rt>wàng</rt></ruby><ruby>远<rt>yuǎn</rt></ruby><ruby>镜<rt>jìng</rt></ruby><ruby>是<rt>shì</rt></ruby><ruby>伽<rt>jiā</rt></ruby><ruby>利<rt>lì</rt></ruby><ruby>略<rt>lüè</rt></ruby>16<ruby>世<rt>shì</rt></ruby><ruby>纪<rt>jì</rt></ruby><ruby>才<rt>cái</rt></ruby><ruby>发<rt>fā</rt></ruby><ruby>明<rt>míng</rt></ruby><ruby>的<rt>de</rt></ruby>，<ruby>接<rt>jiē</rt></ruby><ruby>着<rt>zhe</rt></ruby><ruby>才<rt>cái</rt></ruby><ruby>有<rt>yǒu</rt></ruby><ruby>大<rt>dà</rt></ruby><ruby>型<rt>xíng</rt></ruby><ruby>天<rt>tiān</rt></ruby><ruby>文<rt>wén</rt></ruby><ruby>台<rt>tái</rt></ruby><ruby>的<rt>de</rt></ruby><ruby>出<rt>chū</rt></ruby><ruby>现<rt>xiàn</rt></ruby>，<ruby>而<rt>ér</rt></ruby><ruby>天<rt>tiān</rt></ruby><ruby>文<rt>wén</rt></ruby><ruby>观<rt>guān</rt></ruby><ruby>测<rt>cè</rt></ruby><ruby>网<rt>wǎng</rt></ruby><ruby>的<rt>de</rt></ruby><ruby>观<rt>guān</rt></ruby><ruby>念<rt>niàn</rt></ruby><ruby>是<rt>shì</rt></ruby><ruby>近<rt>jìn</rt></ruby><ruby>代<rt>dài</rt></ruby><ruby>才<rt>cái</rt></ruby><ruby>出<rt>chū</rt></ruby><ruby>现<rt>xiàn</rt></ruby><ruby>的<rt>de</rt></ruby>，<ruby>这<rt>zhè</rt></ruby><ruby>样<rt>yàng</rt></ruby><ruby>的<rt>de</rt></ruby><ruby>观<rt>guān</rt></ruby><ruby>念<rt>niàn</rt></ruby><ruby>可<rt>kě</rt></ruby><ruby>说<rt>shuō</rt></ruby><ruby>是<rt>shì</rt></ruby><ruby>相<rt>xiāng</rt></ruby><ruby>当<rt>dāng</rt></ruby><ruby>先<rt>xiān</rt></ruby><ruby>进<rt>jìn</rt></ruby>。<ruby>由<rt>yóu</rt></ruby><ruby>此<rt>cǐ</rt></ruby><ruby>肯<rt>kěn</rt></ruby><ruby>定<rt>dìng</rt></ruby><ruby>的<rt>de</rt></ruby><ruby>是<rt>shì</rt></ruby>，<ruby>玛<rt>mǎ</rt></ruby><ruby>雅<rt>yǎ</rt></ruby><ruby>人<rt>rén</rt></ruby><ruby>当<rt>dāng</rt></ruby><ruby>时<rt>shí</rt></ruby><ruby>的<rt>de</rt></ruby><ruby>科<rt>kē</rt></ruby><ruby>学<rt>xué</rt></ruby><ruby>与<rt>yǔ</rt></ruby><ruby>今<rt>jīn</rt></ruby><ruby>天<rt>tiān</rt></ruby><ruby>相<rt>xiāng</rt></ruby><ruby>比<rt>bǐ</rt></ruby><ruby>毫<rt>háo</rt></ruby><ruby>不<rt>bú</rt></ruby><ruby>逊<rt>xùn</rt></ruby><ruby>色<rt>sè</rt></ruby>。

史前文明毁于大洪水吗
shǐ qián wén míng huǐ yú dà hóng shuǐ ma

圣经中的记载
shèng jīng zhōng de jì zǎi

有关史前大洪水的过程，《圣经》中有所描述。虽然《圣经》是一本宗教书籍，但很多学者认为《圣经》描述的是真实的人类历史。

27

以下为《圣经》中关于大洪水写道："洪水泛滥地上40昼夜，水往上涨，把方舟从地上漂起"；"水势在地上极其浩大，山岭都淹了"；"5个月后，方舟停在拉腊山上；又过4个月后，诺亚离开了方舟"。

　　史前洪水同时伴随着大陆的变迁完全摧毁了当时整个地球的人类文明，只有极少数人活下来了。近来考古学家们发现的许多史前遗迹，如亚特兰第斯大陆等均可能因那次洪水

ér xiāo shī
而消失。

yīng guó de mín zú xué jiā fú léi zé céng zhǐ chū　　zài běi měi
英国的民族学家弗雷泽曾指出：在北美

zhōu　　zhōng měi zhōu　　nán měi zhōu de　　　　duō gè yìn dì ān zhǒng zú
洲，中美洲，南美洲的130多个印第安种族

zhōng　　méi yǒu yí gè zhǒng zú méi yǒu yǐ dà hóng shuǐ wéi zhǔ tí de shén
中，没有一个种族没有以大洪水为主题的神

huà　　shì shí shang　　jì lù dà hóng shuǐ de bìng bú xiàn yú měi zhōu de
话。事实上，记录大洪水的并不限于美洲的

yìn dì ān rén　　zài shì jiè gè dà lù shang shēng huó de mín zú zhōng jī
印第安人，在世界各大陆上生活的民族中几

hū dōu yǒu guān yú dà hóng shuǐ de jì zǎi
乎都有关于大洪水的记载。

kǎo gǔ xué jiā de fā xiàn
考古学家的发现

dà yuē　　　　　nián qián zuǒ yòu　　shàng yì qī rén lèi wén míng céng
大约12000年前左右，上一期人类文明曾

遭受一次特大洪水的袭击，那次洪水也导致大陆的下沉。考古学家陆续发现了许多那次大洪水的直接和间接证据。

人类文化学家也通过研究世界各地不同民族关于本民族文明起源的传说则发现：世界各地不同民族的古老传说都普遍述及人类曾经历过多次毁灭性大灾难，并且如此一致地记述了在我们本次人类文明出现之前的某一远古

时期，地球上曾经发生过一次造成全人类文明毁灭的大洪水，而只有极少数人才得以存活下来。

远古的大洪水是怎么回事

《旧约·创世纪》载有古犹太人的传说：上帝看到人类已败坏，便以洪水灭世。水势极为浩大，淹没了所有的高山。只有诺亚奉上帝之命建了一艘方舟，载着他一家老小及各种留种的动物逃脱了灭顶之灾。这是在西欧家喻户晓的传说故事。

1872年，年轻的亚述学者乔治·史密斯提出诺亚洪水与古代两河流域世界大洪水同出一辙。此说被日后发现的《吉尔伽美什史诗》第十一版所证实。从而引发了关于远古世界大洪水及其传乔治·史密斯提出诺亚洪水与古代两河说的一场旷日持久的争论。

目前，争论的焦点主要集中在两个最基本的问题上：一是远古初民时代究竟有没有一场世界大洪水？二是世界上普通流行的大洪水传说是怎样起源的？

比较有影响的三种说法

克莱默等学者认为，世界性的大洪水纯系子虚乌有，各地的洪水传说大多起源于两河流域的苏美尔人。他们依据是考古发现。本世纪初发现了载有最早洪水传说的苏美尔版；尔后在苏美尔古城乌尔的发掘中，又在地下发现了11米厚的沙层。

据考是公元前4500年前后两河流域的一次特大洪水堆积出来的，洪水还淹没了一个叫乌博地安的史前民族。故克莱默等人深信，苏美尔的洪水故事是这一次大灾难留下的记忆，经民间传说夸大为世界大洪水。这一故事通

过在古巴比伦人、犹太人等许多民族中的流传而逐步演化为世界性文化现象。另一种意见截然相反。他们认为，地球第四纪冰期在12000年前开始退却时，气候转暖，冰河大量融化泛滥，海水不断上升，吞没了出露的大陆架和陆桥，并发生普遍的大海侵，淹没了许多海岸和部分陆地。故世界性的大洪水确实发生过，但并没达到淹没一切的程度。

当时靠海及靠水的人们损失巨大，被迫向

gāo dì qiān xǐ suí zhī dài qù le kě pà de hóng shuǐ gù shi yīn
高地迁徙，随之带去了可怕的洪水故事。因

cǐ shì jiè shang dà duō shù dì fang dōu yǒu guān yú shì jiè dà hóng shuǐ de
此世界上大多数地方都有关于世界大洪水的

chuán shuō xǔ duō yān mò zài hǎi shuǐ zhī xià de wén míng yí jì jí dà
传说。许多淹没在海水之下的文明遗迹及大

hǎi qīn de hén jì chéng wéi cǐ shuō de yǒu lì lùn jù yǐ yīng guó fù
海侵的痕迹成为此说的有力论据。以英国富

lè wéi dài biǎo de yì pī xué zhě tí chū shì jiè dà hóng shuǐ shì bù kě
勒为代表的一批学者提出：世界大洪水是不可

néng de tā men rèn wéi gè zhǒng hóng shuǐ gù shi de qǐ yuán bú jìn xiāng
能的。他们认为各种洪水故事的起源不尽相

tóng bìng bú shì gòng chū yì yuán bìng qiě bù shǎo gù shi chún cuì shì
同，并不是共出一源。并且，不少故事纯粹是

shén huà shì zhǔ guān xiǎng xiàng de jié guǒ yīn ér shì bù zú xìn de
神话是主观想象的结果，因而是不足信的。

史前文明毁于核大战吗

遗留的奇迹

众所周知，人类有文字可考的历史至今不过2000年，但是7000年前的人类却建筑起埃及金字塔。人类懂得穿上衣服的历史至

今不过4600年，但是，大西洋海底却发现了11000年前的精致铜器。此外，世界各地还发现并证实了20000年前的铁钉，30000年前的壁画以及40000年前的牛羊骸骨中赫然的子弹穿过的痕迹。

这样相互矛盾而发人深省的例子有很多。这些奇迹是来自外星人或来自我们的祖先？世界各国科学家和考古学家对此众说纷

纭，莫衷一是。

人类进化至今是不是只是30万年至40万年历史呢？可以肯定地回答：不是。人类进化至现在，已经有上百万年历史，通过碳–14已经精确地估算出某种高度文明的产物远在30000年至40000年前就已出现。而它的范围之大，使我们有理由相信30000年至40000年前，人类有一个活跃和鼎盛时期。

wǒ men de dì qiú céng bù
我们的地球曾不
zhǐ yí cì zāo dào dà hóng shuǐ
止一次遭到大洪水、
dà bào zhà dà zāi nàn de qīn
大爆炸、大灾难的侵
xí yīn cǐ gǔ wén míng kě néng
袭，因此古文明可能
yì huǐ zài huǐ gǔ rén lèi yě
一毁再毁，古人类也
sǐ ér fù shēng
死而复生。
duì yú zhè xiē dà hóng shuǐ
对于这些大洪水
de gè zhǒng chuán shuō kǎo jiū
的各种传说，考究
qí lì shǐ dōu kě yǐ zhuī sù zhì nián qián yǐ qián gāng hǎo
其历史，都可以追溯至12000年前以前，刚好
zài bīng hé jié shù shí qī zhè shǐ wǒ men duì zhè xiē chuán shuō wú fǎ
在冰河结束时期，这使我们对这些传说无法
diào yǐ qīng xīn jǐn jǐn shì wéi shén huà huò duō shì de yì cè tóng shí
掉以轻心，仅仅视为神话或多事的臆测。同时
zhè yě zhèng míng le rén lèi yuǎn zài nián qián jiù yǒu lì shǐ
这也证明了人类远在12000年前就有历史，
bìng qiě jiào nián qián shèn zhì bǐ jīn rì gèng fā dá
并且较4000年前甚至比今日更发达。

wú fǎ dé zhī de wén míng jìn chéng
无法得知的文明进程

zuì jìn cóng hǎi dǐ tàn cè huò dé de zī liào xiǎn shì nà xiē zài
最近从海底探测获得的资料显示，那些在
gǔ dài zhé xué jiā de zhù zuò zhōng bèi chēng wéi qí jì de yà tè lán tī
古代哲学家的著作中被称为奇迹的亚特兰梯

斯，可能正沉在百慕大三角的西方。

由水中拍摄的照片和实地勘测可知，

1000年前的人类已能举起数百吨的巨石了。

这个大洪水时代以前的文明废墟，其海底墙

壁和海中道路的浩大精妙，无殊于今日视之

为谜的7000年前埃及金字塔。

也许在12000年前，人类对宇宙的知识已

经超过了今日。也许在三四万年前或10多万年

以前，人类已经有了数次这种文明的高峰。

我们仅仅可以知道地球文明史的高峰是人类创造的，但无法得知人类文明的进程。

史诗的记载

有一部著名的古印度史诗《摩诃波罗多》，写成于公元前1500年，距今有3400多年了。而书中记载的史实则要比成书时间早2000年，就是说书中的事情是发生在5000多

年前的事了。

此书记载了居住在印度恒河上游的科拉瓦人和潘达瓦人、弗里希尼人和安哈卡人两次激烈的战争。令人不解和惊讶的从这两次战争的描写中看，他们是在打核战争！

书中的第一次战争是这样描述的："英勇的阿特瓦坦，稳坐在维类似飞机的飞行器的马纳内降落在水中，发射了类似火箭武器的阿格尼亚，它喷着火，但无烟，威力无穷。刹那间潘达瓦人的上空黑了下来，接着狂风大作，乌云滚滚，向上翻腾，沙石不断从空中打来"。

"太阳似乎在空中摇曳，这种武器发出可怕的灼热，使地动山摇，大片的地段内，动物倒毙，河水沸腾，鱼虾等全部烫死。火箭爆发时声如雷鸣，敌兵烧得如焚焦的树干"。

41

第二次战争描写更令人毛骨悚然，胆战心惊："古尔卡乘着快速的维马纳，向敌方3个城市发射了一枚火箭。此火箭似有整个宇宙力，其亮度犹如数万个太阳，烟火柱滚升入天空，壮观无比"。

"尸体被烧得无可辨认，毛发和指甲脱落了，陶瓷器碎裂，盘旋的鸟在天空中也被灼死了"。

看到此惨状，现代人会立刻联想到原子弹爆炸后产生的威力。在原子弹还没有产生的年代，许多学者一直认为此书中的那些悲惨的描写是"带有诗意的夸张"。可是到了美

国在日本广岛和长崎投下两颗原子弹之后，他们才恍然大悟，这些描写就似原子弹爆炸目击记一样准确。

后来考古学家在发生上述战争的恒河上游发现了众多的已成焦土的废墟。这些废墟中大块大块的岩石被黏合在一起，表面凸凹不平。

要知道，能使岩石溶化，最低需要1800度。一般的大火都达不到这个温度。只有原子

弹的核爆炸才能达到。

在德肯原始森林里，人们也发现了更多的焦地废墟。废墟的城墙被晶化，光滑似玻璃。除了在印度外，古巴比伦、撒哈拉沙漠、蒙古的戈壁上都发现了史前核战的废墟。废墟中的玻璃石都与今天的核试验场的玻璃石一模一样。

由此而论，国外物理学家弗里德里克·索迪认为："我相信人类曾有过若干次文明。人类存在时已熟悉原子能，但由于误用使他们遭到了毁灭"。

这可能吗？大部分科学家们认为这仅是一种附会，是不能令人信服的。但是另有一些人坚持自己的看法，认为我们的地球早已存在50多亿年了，而人类文明仅仅有5000多年历史有些说不过去。这个谜现在仍未解开。

南极史前文明消失之谜

南极可能存在史前文明

据俄罗斯报界披露，爱因斯坦和不少的科学家坚信，如今冰天雪地毫无生机的南极曾经是人类文明的发祥地。

爱因斯坦认为，10000多年前，北极不在北极点上，而在今天的加拿大北海岸附近。

南极也不在南极点上，而位于温带地区。那个时候，温度气候均适宜的南极大陆也许曾孕育了一种高度发达的古文明。

然而好景不长，因为地壳发生了逆时针大移动，北极漂移到了今天的位置，南极漂移到了冰天雪地的南极点，气候突然异常寒冷，大陆被冰雪覆盖，南极文明也就随之消失了。非常有意思的是，远非只有爱因斯坦一

人持这种观点，与他持类似观点——人类文明可能源于远古南极的科学家不在少数。

古地图惊曝南极冰下秘密

据称，爱因斯坦和其他科学家持这种观点并非耸人听闻或者凭空猜测，而是有相当的证据。

事实上，自第二次世界大战以来，南极大陆可能存在史前文明的设想反复被提及，不少的历史学家、人类学家以及考古学家纷纷将目光投向那片冰天雪地，其中一幅不可思议的古地图更是加强了科学界对南极的思索。

1840年，伊斯坦布尔国家博物馆

馆长哈利勒·艾德海，在土耳其伊斯坦布尔的托普卡比宫找到一张奇特的古代地图。

这张古地图是18世纪初发现的，看样子是一份复制品。地图上除了地中海地区画得十分精确，其余地区如美洲、非洲都严重变形。后来，科学家们终于找到这张地图的原件，这张由土耳其帝国舰队的海军上将皮尔·雷斯于1513年绘制的地图，几乎在南极洲被发现的200年前就把这块神秘的陆地标出来了，并且他画的南极洲是没有冰封的状态。

六千年前南极没有冰雪

雷斯地图上的南极洲，整体形状和轮廓

像极了现代地图所呈现的这块大陆。南极靠近大陆中央，和现代地图显示的相去不远；环绕海岸的山脉，使人联想到最近几年在南极洲发现的诸多山脉；河流发源自这些山脉，蜿蜒流向大海；每一条河流都依循看起来非常自然、非常可信的排水模式。

这显示，有关南极洲最早的地图绘成时，这块大陆的海岸犹未被冰雪覆盖。然而，

今天地图所呈现的南极洲内陆，已完全不见河川和山脉的踪影，被冰雪覆盖。

1532年，奥伦提乌斯·费纳乌斯根据史料绘制的世界地图又绘制了一张地图，并在地图上注明了南极上的各个河床。1949年，海军上将贝尔达率领探险队到达南极罗斯海，结果发现费纳乌斯在地图上标明的河床与实地景象十分相近并一一对应。

在这些河床里，有很多由河流带到南极

并沉积下来的中纬度细粒岩石以及其他沉积物。后来，华盛顿卡内基研究所的科学家们对这些沉积物进行了研究，结果发现它们已有6000多年了。

也就是说，在6000年前，南极曾处于冰川前期很温暖的时候，百川奔流，草木葱茏，充满了生机。

费纳乌斯地图显然也证实了一个惊人听闻的观点：在冰雪完全覆盖之前，南极洲曾被

人类探访甚至定居过。若真是如此，那么最初绘制南极洲地图的人，就应该是生活在极为远古时代的南极人。

南极史前文明消失之谜

据此，我们是否可以设想，在10000多年前，南极大陆处于温带。优越的自然环境孕育了高度发达的文明，甚至可比18世纪的科学水平。那里的人们掌握着先进的航海技术和天文知识，他们率领着船队，穿梭于大洋大陆之间。他们把自己的文明带到世界的每个角落，给蛮荒落后的大陆带去智慧和奇迹，也成为彼此文化间交流和联系的桥梁。

但是，这个文明怎么会突然从地球上消失，不留一点儿痕迹的呢？

科学家的猜测

据此科学家们提出三种猜测：

　　第一，可能是地壳突然发生变动，引发了一场巨大的灾难，洪水淹没了整个世界，也淹没了曾经传播文明的王国和人民。

　　第二，有些科学家认为，南极史前文明并没有完全消失，可能因为地球气候发生变化，南极大陆逐渐被冰雪覆盖，曾经的史前文明被厚厚的冰层永远埋葬。

　　第三种可能就是这种文明仍然存在，他们可能将自己的先进知识传播给了埃及人。

月亮是史前人造天体吗

月球不是自然天体

　　科学家们发现，月球是一个异乎寻常的天体，它比自然天体的卫星大得多。地球直径12756千米，月球的直径3467千米，为地球直径的27%。

火星直径6787千米，有两个卫星，大的一个直径23千米，是火星的0.34%。木星直径142800千米，有13个卫星，最大的

一个直径5000千米，是木星的3.5%。土星直径120000千米，有23个卫星，最大的一个直径4500千米，是土星的3.75%。其他行星的卫星，直径都没有超过母星的5%，但是月球却达到27%，这表明月球不是一般的天体。

月球不是绕地球旋转，而是伴着地球对转。其反常轴向自旋，速度非常之快，远远快于其类似的行星所应有的速度。一般天然卫星的轨道都是椭圆的，而月球轨道却是圆形的，我们知道，只有人造地球卫星的轨道是

圆的。月亮与同样大小的行星相比，密度要小得多。预示它不同于其他行星，它内部可能是空的。地球对月球的引力远远小于太阳对月球的引力，但月球却没有被太阳吸引过去而仍留在地球的轨道上。如果月球是一颗宇宙中的天然星体，那么它一进入太阳系就会被体大无比的木星吸引过去而不会跑到地球身边。所以，很难想象月球是在宇宙中自然形成的。

地球属于类地行星，而类地行星除地球以外，其他的都无卫星。也就是说月球不是地球的卫星，它更像人造天体。

月震试验月球内部是空的证据

地震学家通常用地震波研究地球内部的性质。同样，科学家们可以用月震波研究月球内部的性质。美国宇航员以月面为基地设置了高灵敏度的地震仪将月震资料发送回地球。其中一台由"阿波罗11号"的宇航员设置在静海，另一台由"阿波罗12号"的宇航员设置在

57

fēng bào yáng zhè zhǒng gāo líng mǐn dù de dì zhèn yí shèn zhì néng jì lù
风暴洋。这种高灵敏度的地震仪甚至能记录

yǔ háng yuán zài yuè miàn shang de jiǎo bù shēng
宇航员在月面上的脚步声。

měi guó zhōng bù biāo zhǔn shí jiān nián yuè rì shí
美国中部标准时间1969年11月20日4时

fēn ā bō luó hào de yǔ háng yuán yòng dēng yuè cāng de shàng
15分"阿波罗12号"的宇航员用登月舱的上

shēng duàn zhuàng jī le yuè qiú biǎo miàn suí jí fā shēng le yuè zhèn
升段撞击了月球表面，随即发生了月震。

yuè qiú yáo huang le fēn zhōng yǐ shàng zhèn dòng yóu xiǎo zhú jiàn biàn
月球摇晃了55分钟以上。震动由小逐渐变

dà zhì qiáng dù zuì dà yòng le yuē fēn zhōng rán hòu zhèn fú zhú jiàn
大，至强度最大用了约8分钟，然后振幅逐渐

jiǎn ruò zhí zhì xiāo shī zhè ge guò chéng yòng le dà yuē yí gè xiǎo shí
减弱直至消失。这个过程用了大约一个小时，

而且余音袅袅，经久不绝。

地震研究所的负责人莫里斯·云克在下午的电视新闻节目中传达这个令人吃惊的事实时说，要直观地描述一下这种震动的话，就像敲响了教堂的大钟。

震波只是从震中向月球表层四周传播，而没有向月球内部传播，就像在一个完全中空的金属球体上发生的。在地球上这种现象是绝对不可能发生的。这充分证明月球内部是空的，表面是一层壳。

在"阿波罗12号"造成奇迹后，"阿波

罗13号"的宇航员用无线电遥控飞船的第三级火箭使它撞击月面，地点选在距"阿波罗12号"的宇航员设置的地震仪140千米的地方。月震持续3小时20分钟后才逐渐结束，月震深度达35千米至40千米。只有中空的球体才会发生这种形式的振动。"阿波罗13号"、"阿波罗14号"的宇航员还进行了多次月震试验，最大的一次月震造成的月面振

dòng chí xù le gè xiǎo shí
动持续了4个小时。

měi guó háng kōng háng tiān jú de bào gào shū tán dào yuè zhèn yán
美国航空航天局的报告书谈到，月震研
jiū biǎo míng yuè ké nèi bù cún zài yí gè qiān mǐ hòu de yìng
究表明，月壳内部存在一个65千米厚的"硬
céng kē xué jiā féng bù láo ēn bó shì zhǐ chū zài qiān mǐ
层"。科学家冯·布劳恩博士指出，在65千米
de shēn dù zhèn dòng chuán bō sù dù shì měi miǎo qiān mǐ zhè shì yán
的深度振动传播速度是每秒10千米，这是岩
shí wú fǎ dá dào de chá yuè yí xià wù lǐ xué shǒu cè jiù zhī dào
石无法达到的，查阅一下物理学手册，就知道
shēng yīn zhǐ yǒu zài jīn shǔ huò jīn shǔ zhì yán shí cái néng dá dào rú cǐ
声音只有在金属或金属质岩石才能达到如此
de chuán dǎo sù dù
的传导速度。

振动在月球内部的传导速度与振动在金属中的传导速度一致，科学家们推测月球内部存在金属的壳体，而在壳体之上覆盖着松散的16千米至32千米厚的石块层。乌德博士等人说这个松散层是在若干亿年的时间里，陨石和小行星、彗星多次猛烈撞击月面破碎后逐渐形成的岩石层。月球是史前人造的。美

国航空航天局的科学家们根据得到的所有资料和数据制作了形形色色的月球模型，其中一个是用钛构成的中空的球体。

月球磁场的证据

科学研究表明，宇宙天体都有磁场，而月球几乎没有磁场，科学家认为地球的磁场起源于地球内部的地核。地核分为内核和外核，内核是固态的，外核是液态的。它的黏滞系数很小，能够迅速流动，产生感应电流，从而产生磁场，地球磁场强度介于0.35奥斯特至0.7奥斯特之间，由陨石的天然剩磁推测其他天体的磁场强度为0.59奥斯特。

这就是说，所有天然天体都有磁场，像地球一样，是实心的。而月球却完全不同，根据"阿波罗"宇宙飞船采回的月岩样品及月球表面磁场的直接测量，月球周围的磁场强

度不及地球磁场强度的1/1000，月球几乎不存在磁场，它内部没有像地球那样的内核，它内部是空的。

月球密度的证据

科学家们已经知道月球的平均密度是每立方厘米3.33克，地球密度是每立方厘米5.5克，几乎相差一半。哈洛德·尤里博士等科学家认为这是由于月球重心空虚所致。英国皇家天文学会的月球权威尔金斯博士甚至估计月球中有体积约1400万立方英里的空洞。美国航空航天局的科学家称，"阿波罗11号"、"阿波罗12号"宇航员带回的月面岩石标本的密度比地球岩石的密度要高得多，它在月球

重力环境下重量只有地球岩石的一半，而且只有月球的外壳如此坚硬，那么其内部不就是空的吗？

美国麻省理工学院的科学家所罗门博士，对月球的重力进行了研究并提出，月球内部可能是空的。他说道："根据月球轨道环行器的观测，使我们得以获得了与月球有关的大量知识，尤其在重力方面。也就是说，月球内部很可能是空的。"人类用现代科技的手段，认识到月球内部可能是空洞。

月岩的年龄

月岩研究表明，在形成年代

上月球略早于地球。月球表面最古老的岩石形成于46亿年前，而我们地球上发现最早的岩石的形成时间不过是39亿年。并有6种元素是地球上所没有的，这是许多月球起源假说无法解释的。

月球是史前人造的，月球实际上并不是我们地球的自然卫星，而是一个人造天体。其实，现在科技界有许多发现表明存在史前文明，在我们人类这次文明以前还存在着文明时期，其发展方式与现在完全不同。

既然今天的科学家都能想到在太空中造一面镜子，利用它反射太阳光照到地球上，人类有什么理由怀疑史前人类在太空中造一个月亮的能力呢？

国外有许多大胆的科学家已经公开承认存在史前文明，如苏联科学家曾提出月球起源

的"巨型宇宙飞船"说，认为月球是一个受智慧生物控制的天体，是外星人将月球改造为中空的宇宙飞船。

这在人类看来，已经接受不了，现代科学无论怎样发展，也无法解释月球与地球的起源，更无法认识宇宙的真相。其实，史前人认识到了黑夜给人带来的麻烦，所以制造个月亮上去，它可以给地球在夜间带来光明。

太阳神巨像失踪之谜

罗德岛名称的由来

罗德岛是爱琴地区文明的起源地之一，有相当古老的关于忑尔喀涅斯的神话。品达的诗中称罗得岛是太阳神赫利俄斯和女神罗得结合的产物。

68

爱(ài)琴(qín)海(hǎi)上(shang)的(de)罗(luó)得(de)岛(dǎo)，西(xī)距(jù)希(xī)腊(là)大(dà)陆(lù)45000米，北(běi)距(jù)土(tǔ)耳(ěr)其(qí)大(dà)陆(lù)19000米，属(shǔ)希(xī)腊(là)，面(miàn)积(jī)1400平(píng)方(fāng)千(qiān)米(mǐ)，人(rén)口(kǒu)70000多(duō)人(rén)。

在(zài)希(xī)腊(là)化(huà)时(shí)期(qī)，这(zhè)个(ge)岛(dǎo)屿(yǔ)的(de)鼎(dǐng)盛(shèng)时(shí)期(qī)，人(rén)们(men)竖(shù)立(lì)起(qǐ)一(yí)个(gè)巨(jù)大(dà)的(de)太(tài)阳(yáng)神(shén)雕(diāo)塑(sù)，成(chéng)为(wéi)古(gǔ)代(dài)世(shì)界(jiè)七(qī)大(dà)奇(qí)迹(jì)之(zhī)一(yī)。在(zài)十(shí)字(zì)军(jūn)东(dōng)侵(qīn)期(qī)间(jiān)，医(yī)院(yuàn)骑(qí)士(shì)团(tuán)占(zhàn)领(lǐng)了(le)该(gāi)岛(dǎo)，并(bìng)改(gǎi)名(míng)为(wéi)"罗(luó)得(de)岛(dǎo)骑(qí)士(shì)

团"，成为了岛屿历史上重要的存在，他们在岛上留下了许多中世纪的建筑。

罗德岛的地形图以它的文学气质和独特的历史内涵无愧为爱琴诸岛中的一颗明珠。罗得岛的名称来自于古希腊语中的玫瑰，当时指的是今天的朱槿。罗得岛的岛徽是一只跳跃的鹿。

太阳神巨像是如何铸造的

在神话传说中，远古时代，希腊诸神争夺神位的战争结束以后，宙斯成为最高之神。宙斯便给诸神分封了领地，唯独忘了出巡

tiān gōng de tài yáng shén ā bō luó
天宫的太阳神阿波罗。

zhí zhì ā bō luó guī lái zhòu sī bǎ yǐn mò yú ài qín hǎi shēn
直至阿波罗归来，宙斯把隐没于爱琴海深

chù de yí kuài jù shí fēng gěi le ā bō luó
处的一块巨石，封给了阿波罗。

jù shí xīn rán shēng chū hǎi miàn huān yíng tài yáng shén lái jū
巨石欣然升出海面，欢迎太阳神来居

zhù ā bō luó duì zhè kuài lǐng dì hěn mǎn yì yòng tā de qī zi
住。阿波罗对这块领地很满意，用他的妻子

ài shén ā fú luó dí dì zhī nǚ luó de sī de míng zì mìng míng wéi luó
爱神阿芙罗狄蒂之女罗得斯的名字命名为罗

de dǎo tā de gè ér zi kǎ mǐ nuò sī mò nuò lì suo sī
得岛。他的3个儿子卡米诺斯、莫诺利索斯，

lín zuǒ sī yě fēn fēng zài dǎo shang gè zì jiàn lì zì jǐ de chéng bāng
林佐斯也分封在岛上，各自建立自己的城邦

国。岛上繁荣富足,文明兴起。这种繁荣招引雅典、斯巴达、马其顿、波斯、罗马等大国相继入侵,城池屡次遭到破坏。

　　这座太阳神巨像的铸造过程,大约发生在公元前500年。波斯人入侵罗得岛,全岛居民撤守岛东端海岬上的林佐斯城堡,最终打退敌人的进攻,将敌人驱逐出岛。胜利之后人们将敌人遗弃的武器收集到一起统统熔化,

由雕刻大师哈利塔斯铸成阿波罗铜像，立于港口，雄镇海疆。

在古希腊，建造10米左右高的雕像并不罕见，但建造如此巨大的神像却是空前绝后的。怪不得巨像建成之初，便被同时代的罗马哲学家安蒂培特誉为"世界七大奇迹之一"。

如此巨大的雕像是如何铸成的？在缺乏起重设备的远古时代又如何把它竖立起来的？这些都是令人难以想象的事，也是太阳神巨像让人迷惑惊奇的原因之一。

巨神像体积巨大，无法像建造一般雕像那样，先制出模型，然后分成几部分铸造，最后再进行整合和竖立。据文献记载，巨人像是分步建造起来的。首先，在建好白色的大理石基座后，把已铸好的脚至踝关节这一部分安装固定好。由于神像体积高大，所以神像

的脚设计得比较大，使它能承受上部神像的压力。

完成这一步后，雕像家指挥工匠在已完成部分的周围堆起巨大的土堆，然后站在上面接着做下一部分工作，这样一步一步向上发展。在每一步进行之前，雕塑家都先用一种铁制的框架和一些方形的石块从内部加固雕像，以保证雕像的稳定。

就这样，在耗费大量人力、物力、财力后，哈列塔斯创造了一个与真神相似的神像，"给了世界第二个太阳"。

太阳神巨像不知去向

这座巨像的建造花了12年的时间，于公元前282年完工。巨像在港口矗立了许多年，直至公元前226年一次强烈的地震突袭了罗得斯岛。城市遭到严重的破坏，巨像也从它的

xī gài chù duàn liè kāi le
膝盖处断裂开了。

dǎo shang qí tā gè chéng bāng bèi dì zhèn cuī huǐ hòu wèi zài
岛上其他3个城邦被地震摧毁后，未再

chóng jiàn chéng shì zhǐ zài yí zhǐ fù jìn jiàn le ruò gān xiǎo cūn luò
重建城市，只在遗址附近建了若干小村落，

yīn cǐ bǎo cún le yì xiē qiáng jī shí zhù zhǐ yǒu ā bō luó jū zhù
因此保存了一些墙基、石柱。只有阿波罗居住

de luó de chéng jǐ dù chóng jiàn kuò jiàn yǐ jiàn bu dào dāng nián huǐ chéng
的罗得城几度重建扩建，已见不到当年毁城

de hén jì zhǐ yǒu shì cóng gāi shì lì shǐ bó wù guǎn zhòng duō chū tǔ
的痕迹，只有是从该市历史博物馆众多出土

wén wù zhōng kě yǐ kuī jiàn xī rì de fán huá
文物中，可以窥见昔日的繁华。

qí zhōng zuì wéi fēng fù de shì dà lǐ shí diāo xiàng shì jì diāo
其中最为丰富的是大理石雕像，2世纪雕

75

刻中的阿波罗头像，1世纪雕刻的爱神阿芙罗狄蒂的裸体全身像都保存在这里。只是那座被誉为"世界七大奇迹"的阿波罗铜像却不知去向了。

古罗马著名的自然学家普林尼在《自然史》一书中赞叹道："即使躺在地上，它也仍是个奇迹。"

埃及法老托勒密三世向罗得斯岛人伸出

了援助的双手，准备提供一笔巨额款项帮助罗得斯岛人修复太阳神巨像，但罗德人谢绝了托勒密三世的好意。神像巨大的身躯横在地上，任凭风吹雨打。653年，阿拉伯人侵入罗得斯岛，发现了躺在地上的巨像残骸，他们费了九牛二虎之力把残骸运送到叙利亚，卖给了一位商人。据说那个商人用了880头骆驼才把残骸运完，以后巨像就不知去向。

有人说铜像无法重新竖起，于7世纪被分解熔化制作成其他器械；又有人说，巨像倒塌不久后就被人盗走，但贼船在海上遇风暴沉没，铜像埋在深深的海底。铜像究竟去了哪里？恐怕是无从知晓的了。

太阳神巨像外观之谜

尽管我们不知道巨像的真实形状和外观，但现代重建的雕塑笔直地矗立着，比那

些古代绘画更精确地再现了雕塑的原貌。尽管巨像已经不在，但这个古代世界奇观却激发了现代艺术家们的灵感，譬如以建造著名的"自由女神像"而闻名于世的法国雕塑家奥古斯都·巴托尔迪。

罗德岛太阳神巨像从太阳神巨像的建立至毁坏只有短促的56年时间。然而这座巨像却在著名的世界七大奇观的名单里赢得了一席之位。罗得斯岛的太阳神巨像不仅仅是一座巨大的雕像，更是居住在美丽的地中海岛屿，罗得斯岛上的人民团结的象征。

早在11世纪，人们就对传说中的罗得斯岛神像外形作出这样的推测：巨像右手举着投枪，左手按着长剑，柱脚是很高的圆柱，四周环绕着起伏的海浪。但有人提出异议，说太阳神阿波罗像应该是头戴太阳光环，驾驭

着马车，马车上载着一轮鲜艳的红日，并且传说中巨像的胯下能进出轮船。由于谁也拿不出确凿的证据驳倒对方，争论不了了之。

长久以来，有关巨神像的模样众说纷纭，一般人都相信它是两脚分开、手持火把，站立于罗德岛港口的入口处，船只由其胯下经过，非常壮观而有趣。然而，研究显示，

以港口的阔度和巨像的高度来计算，这种结构是不合常理。

因为巨像跨越港口入口必须要250米高才能办到，不论以金属或石块来建造，跨立的巨像绝对无法承受巨大张力和冬季强风，并且倾倒后巨像的遗迹也会阻碍着港口，所以估计真实的巨像应该立于港口东面或更内陆的地方。至于姿势根本不知道，到底站立？坐下？或是驾着马车？至今仍无人知晓。

罗德岛太阳神巨像是世界七大奇观中最为神秘的，因为它只有56年的生命便因地震而倒下，至今考古学家仍未确定它的位置以及外观。

失落的利莫里亚文明

利莫里亚是传说还是事实

传说中失落的利莫里亚文明是一个几乎与亚特兰蒂斯相齐名，与之共存并出现更早的远古文明。据考证利莫里亚存在于南太平

洋，在北美洲与亚洲，澳洲之间。

当文明的顶峰时期，利莫里亚人精神文明高度发展。也许具体的大陆遗迹很难寻找，许多人明白他们和这块大陆有着深刻的渊源。

传说利莫里亚人能冶炼高纯度金属，能不受距离和障碍物限制进行通讯联系，他们掌握的通讯手段甚至比无线电通讯还要先进。因而人们把这个神秘国家当做人类的起源地。然而利莫里亚这个国家是否真实存在呢？

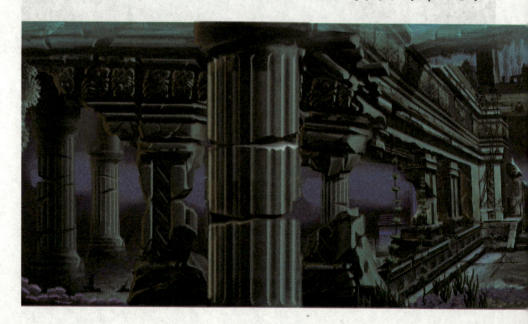

19世纪中期，有些生物学家根据马达加斯加和印度尼西亚的狐猴种群分布情况，认为在这两者之间存在过一个大陆，并且把这个大陆命名为利莫里亚，认为它就是80万年前沉入印度洋底的那个神秘国家。

许多专家学者为这个学说感到欢欣鼓舞，因为他们原本就相信利莫里亚真的存在。

然而有些人认为仅靠狐猴种群分布就断定利莫里亚的存在未免太轻率了，按历史发展常

识，很难想象几十万年前会出现如此高度文明的国家。

寻找利莫里亚存在的证据

科学家列举印度洋群岛大量古代遗迹和民间传说，力证利莫里亚大陆的确存在过。

比如柏那贝岛上有一处巨大的遗迹，叫做南玛多尔，它是由98座人工岛及其他建筑物组成。

科学家认为南玛多尔遗迹所表现出的文明

和利莫里亚很相近，因为组成南玛多尔的每个小岛均有用玄武岩建造的城壁、正宫、神殿和住宅，岛与岛之间还有运河相连，显示出过去的南玛多尔应是像现在威尼斯一样的水上城市，并且可以想象出当时的南玛多尔很繁荣。

更令人信服的证据还有土亚摩土群岛上与玛雅金字塔极为相似的祭坛、塔普岛上奇妙的石门、迪安尼岛上的石柱、雅布岛上巨大的石币和努克喜巴岛石像等，所有这些都代表着一种古老的文明，而且这些小岛都有着明显的相似点，都有关于大陆沉落的传说。既然与利莫里亚相距不远的小岛都出现了高度发展的文明迹象，因而一大部分科学家执著地相信，利莫里亚确实存在，并且同样有着相当高的文明。

若利莫里亚哪里去了

若利莫里亚确实存在，那它为什么会在距今80万年前突然消失了呢？

科学家认为，它可能是被同时袭来的几次大灾难毁灭的。当时降临的灾难可能是覆盖地球大片陆地的冰雪融化了，形成了特大洪水，使得大洪水把陆地冲走了。与此同时，大洪水又带来了大地震。恰巧这时候，又有一颗小行星不偏不倚地撞到利莫里亚上。这一连串致命的打击加在一起就把利莫里亚彻底毁灭了。

1926年，詹姆斯·邱奇尔德，一个住在印度的英国人，在《神奇的穆符号》一书中描述了利莫里亚沉没的情况，尽管文中描述多半可能是出于作者的想象，但仍然引起了后辈专家学者的浓厚兴趣。书中如此描述：

zhěng gè lù kuài jiù xiàng hǎi yáng lǐ de bō làng yì bān zhèn dòng fān
整个陆块就像海洋里的波浪一般震动翻

gǔn zhe jì ér xiàng dǎ le gè qíng tiān pī lì yí yàng zhěng gè
滚着。继而，像打了个晴天霹雳一样，整个

lù kuài jiù chén xia qu le xià chén xià chén xià chén tā chén dào
陆块就沉下去了。下沉，下沉，下沉，它沉到

le dì yù róng yán zhōng xìng cún zhě lái dào le méi yǒu chén mò de dǎo
了地狱—熔岩中。幸存者来到了没有沉没的岛

yǔ shàng méi yǒu shí wù méi yǒu yī fu tā men xū yào wèi shēng
屿上，没有食物，没有衣服，他们需要为生

cún ér dòu zhēng dàn shì méi yǒu dà lù de zhī chí xiǎo dǎo yě
存而斗争。但是，没有大陆的支持，小岛也

hěn kuài jiù xiāo shī le
很快就消失了。

lì mò lǐ yà jiù zhè yàng xiāo shī le chén mò dào le yìn dù yáng
利莫里亚就这样消失了，沉没到了印度洋

底。如果是这样，探险家就可以在印度洋底发现利莫里亚曾存在的蛛丝马迹，然而到目前为止，令人信服的发现屈指可数。是探险家没有发现呢，还是沉没之际，利莫里亚人及时躲了起来？如果是躲起来，又会躲在哪里呢？

20世纪以来，有一些科学家认为，利莫里亚所在地尽管沉没到印度洋底，但利莫里亚人并没有毁灭，而是存活下来了，目前正居住在沙斯塔山上，而且是山里面的地下隧道。此种说法令人匪夷所思，难道利莫里亚人是遁地一族，可以生活在地底下。

而沙斯塔山是一座死火山，位于美国加利福尼亚州北部，海拔4316米，呈圆锥形，山顶部终年积雪，有冰川。这究竟又是怎么回事呢？

fù huó jié dǎo wén míng zhī mí
复活节岛文明之谜

jù shí wén míng
巨石文明

复活节岛文明是一种史前文明，简易论对史前文明的划分根据石器的特点，将巨石文明全部列入史前文明当中。

复活节岛文明是一种巨石文明。复活节

岛位于东南太平洋海上，是世界上最与世隔绝的岛屿之一，西距波利尼西亚地区皮特肯岛1900千米，东距智利西岸3540千米，面积近百平方千米。

复活岛上的奇迹

岛上居民属于波利尼西亚人，岛上耸立着许多石雕人像，岛上约有1000座以上的巨大石雕像以及大石城遗迹，它们背靠大海，面对陆地。复活节岛上还有大石台遗迹，

朝陆地方向有露天庭院，建筑巧妙。每个石像形态不同，大小也不一样。塔海，维纳普和阿纳克纳的大石台，碳定年法测定约在700年至800年，阿纳克纳

石台的墙在1987年挖掘出以前，一直埋在地下。有一个雕像裸露着肋骨，具备南美洲蒂瓦纳库的各种特点。碳-14测定在1050年至1680年，大石台内建造了墓室。大石像约10米高，由重约82000千克的一块石头雕成，最高的一尊有22米，重30万多千克。在岛上，人们发现了许多丢弃的用钝了的石器工具，岛

上的波利尼西亚人并不了解这些石像的来历，他们的祖先也没有告诉子孙后代这些石像是谁雕刻的。传统考古学认为，居民是在大约400年漂流至复活节岛的一批波利尼西亚人的后代。

岛上人的生活

鱼类是波利尼西亚人的主要食物，鱼骨头一般会占垃圾的90%以上。从900年至1300年，鱼骨头在垃圾中的含量少于1/4，1/3是海豚骨头。在古代垃圾中还发现了至少6种陆地鸟类的骨头。此外，垃圾中还有一些海豹

骨头。复活节岛上没有大型的动物，连家养
的猪和狗也没有。

令人不寒而栗的谜底

巨大石像就像谜一样吸引着越来越多的
人前往一探究竟。原来，在10世纪左右，一
批波利尼西亚移民乘着木筏来到复活节岛定
居。此后，小岛上的人口逐渐增多，最多时
达到上万人。这些
人分成12个氏族，把
小岛划分为12块，这
些氏族都有自己的酋
长，各自有不同的阶
层。起初，这些氏族
还能和平相处，直至
有一天，酋长们决定
以令人敬畏的石刻雕

像来荣耀自己,小岛开始走向毁灭。

其实,复活节岛上原来是有树木的。科学家通过孢粉测试证明,复活节岛上曾有过高20多米,直径一米的智利酒松。即使人类定居岛上很长的一个时期,小岛也还是被高大树木和灌木覆盖着。

然而,为了建造大石像,岛上的森林遭受到灭顶之灾。因为要用巨大的木材作为辅助,巨石才能被搬动。酋长们竞逐谁的石像更巨大更壮观,就要砍伐树木当搬运、吊装的工具,同时还要伐林造田以养活大量劳动力。于是,几百年间,岛上的石像一代比一代高大,砍伐树木的速度也越来越快。

终于,高大的智利酒松在1440年左右绝迹了,而到了1640年前后,岛上已经见不到树林了。

94

没有了巨木，人们也就无法造船，也就无法渔猎。但是人总要吃东西，于是只好把同胞作为食物来源，最惨烈的事情发生了。至今，岛民的口口相传的传说中仍充斥着人吃人的故事。

考古的发现也证明了传说的真实性：在复活节岛后期废弃物堆遗址中，人类骨骸随处可见，而有些骨头被敲碎了，这是为了便于吸取骨髓。在世界各个已经灭绝的古代文明中，复活节岛文明的灭绝或许是最惨烈和最触目惊心的。

子虚乌有的古希腊文明

古希腊文明时期

古希腊文明，主要是指在公元前8世纪至公元前323年间，被称为希腊人的人们"创造"的文明。此前的几个世纪，称为荷马时期，又称"英雄时期"；此后数百年，甚至

整个古罗马，据说是希腊文明传遍世界、影响世界的时期，故称之为"希腊化"时期。专家们说到古希腊文明，往往包含"希腊化"时期。

希腊人主要生活在爱琴海两岸的诸"半岛"或者岛屿上，分成大大小小若干个独立的"城邦"，从来不是一个统一的国家。他们没有国家概念，更谈不上国家意识。

这些"城邦"是一个村庄或几个村庄的联合体，人口一般万八千的。大家或农耕或渔猎或商贸，多以农业为主。为了利益，相互间的战争，从来没有间断过。

发现浮雕大理石

1954年8月，苏联阿布哈兹自治共和国首都苏呼米疗养院的一位工作人员，在黑海岸边的浅水口中发现了一块浅灰色带斑点的大

理石，长约1.5米，宽0.5米左右，其中一个角已被折断。

这不是一块普通的大理石，而是一块雕刻精美的浮雕。上面的图案是一个年轻妇女端坐在安乐椅中，身边躬身站着一个小男孩和一个手拿小匣的女仆。画面雕刻手法细腻，构图严谨。人物面部沉思的表情带给观看者一种寂

静、忧郁的感觉。

科学家发现，这块浮雕与俄罗斯的施洗者约翰大教堂里面珍藏的许多珍贵的希腊墓碑有很多共同特征，无论从人物造型、画面结构以及笔法等都惊人地相似。科学工作者从而推断这是一块公元前5世纪古希腊人的墓碑。科学家不禁要问：难道在黑海沿岸的苏呼米也有古希腊城池的遗址？

发现古罗马城市

经过一番努力，1956年奇迹终于发生了，学者们发现了一座大部陷于海底的1世纪

de gǔ luó mǎ chéng shì
的古罗马城市。

kǎo gǔ gōng zuò zhě qián rù sū hū mǐ wān hǎi dǐ zài nà li
考古工作者潜入苏呼米湾海底，在那里，

yí zuò jù dà de xióng wěi de chéng shì fèi xū zhǎn xiàn zài rén men miàn qián
一座巨大的雄伟的城市废墟展现在人们面前，

hǎi àn yǔ zhèng fāng xíng de chéng shì guǎng chǎng shì yóu yì tiáo yòng é luǎn
海岸与正方形的城市广场是由一条用鹅卵

shí hé shí huī zhuān shí pū qì de jiē dào xiāng lián jiē guǎng chǎng sì zhōu
石和石灰砖石铺砌的街道相连接。广场四周

hái yǒu gāo dà de chéng qiáng yí zhǐ
还有高大的城墙遗址。

zài hǎi dǐ hái fā xiàn le xǔ duō hēi qī táo qì suì piàn shǔ
在海底还发现了许多黑漆陶器碎片，数

不清的葡萄核，一个大石臼，一个手摇磨的磨盘。而在下一层中则发现有古代双耳瓶、瓦罐、古希腊的尖底大缸以及茶炊等碎片，这些物品上均有"狄奥斯库里亚"的标记。这就是人们寻找多年的罗马和拜占庭的狄奥斯库里亚和谢巴斯托波利斯最灿烂的古希腊文明的重要组成部分。

海底两座灿烂古城是哪里

远在公元前600年左右，一个名叫狄奥斯库里亚的城市由希腊人在黑海东岸建立起来，在当时，这里是希腊人一个巨大的商业中心，极为昌盛。后来在大自然的浩劫中变为一片废墟。

大约公元前6世纪，罗马人又在这里重新建了谢巴斯托波利斯城，以其雄伟的城墙，各种先进的防御设施，堪称黑海边的第一大城。可是令众人感到遗憾的是，从此以后这座城市的历史中断了，史书上再也没有提到过这个城市，直至2000多年后，人们才在海底重新发现这两座灿烂的文明古城。

随着研究一步步地深入，研究者描绘出了黑海沿岸古城毁灭时的情景。古代一批勇敢的航海家历尽千难万险乘船横越黑海在美丽

的海岸定居下来，成为这里最早的移民。他们在这里建造房屋、仓库，还修建了城堡、城墙和高塔，使这里发展成一定规模的城市，发展了自己的文明，并且成为生活在该地区北部及近处各民族的共同贸易中心。

可是他们在建造城市时忽略了脚下土地的稳定性，海水逐渐逼过来，不断冲蚀着土壤，而他们拯救自己的措施也是在把自己推向大海。城市居民为了阻挡海水的侵蚀，于是建了护岸墙和其他的一些保护性建筑。

于是水分便渗入地下，下垫层遭到浸湿，土地变得越来越沉重了。膨胀了的土块的重量大大超过暂时维持它们平衡的摩擦力，整个城市的土层开始滑动起来。城市的街区渐渐滑向海内，街道向下塌陷，海水渗入了住宅。陡峭的海岸塌向了海内，住宅、宫殿的

石砌山墙倒塌了，城市一步步滑向大海的中心，从此沉睡了两千年。

由于被海岸冲积土层层覆盖着，在沙砾之下还有许多古人创造的灿烂文明还没能重现昔日辉煌。

古希腊沉船之谜

在希腊政府的协助下，一批专业潜水员在希腊附近的海底打捞起了一艘沉没的古船。为了保存船上物品的完整，他们的打捞

工作一直持续了9个月。这些物品被雅典国家考古博物馆精心收藏。考古学家鉴定它们均出自古希腊时期。可就在这批古物里，人们发现了一个鹤立鸡群的东西，那是一个差动齿轮机械装置。让人疑惑的是，它所显示的机械工艺之精良，绝对可以跟现代技艺相媲美。古人制作它做什么用？又是谁制造了它？

开始很多人都难以相信这是古希腊时代的机械装置，他们普遍认为那个时候还不具备这么高的机械制造水平，但还是有一部分人在执著地推测着它在古希腊时代的用途所在。

有人说它是航海时指示方位的仪器，也有人认为它是阿基米德制作出来的一个小型天象仪，它的目的是用来计算日月星辰的运行。人们的惊叹之声并未就此停止，古希腊时代的机械水平真有如此高超精致吗？毕竟我们还没能发现其他同时代的机械装置出土，要想承认这个装置是现代机械技艺的鼻祖，看来还需要等待一些时日。

古希腊的克里特文明

考古学家的发现

克里特文明，也译作米诺斯文明或迈诺安文明，是爱琴海地区的古代文明，出现于古希腊，迈锡尼文明之前的青铜时代，约公元前3000年至前1450年。该文明的发展主要集中

zài kè lǐ tè dǎo
在克里特岛。

shì jì chū   yīng guó kǎo gǔ xué jiā yī wén sī děng lái dào
20世纪初，英国考古学家伊文思等来到
kè lǐ tè dǎo shang jìn xíng kǎo gǔ fā jué   jīng guò duō nián de nǔ
克里特岛上进行考古发掘，经过多年的努
lì   tā men zài dǎo shang fā jué chū hǎo jǐ zuò gǔ chéng de yí zhǐ
力，他们在岛上发掘出好几座古城的遗址，
lìng wài   hái yǒu dà liàng de wén wù   zhèng míng kè lǐ tè wáng guó de
另外，还有大量的文物，证明克里特王国的
cún zài
存在。

zài gǔ dōu   kè nuò suǒ sī   de yí zhǐ zhōng   kǎo gǔ xué
在古都"克诺索斯"的遗址中，考古学
jiā fā xiàn le yí zuò wáng gōng de fèi xū   tā zhàn dì yuē   píng
家发现了一座王宫的废墟。它占地约20000平

fāng mǐ， yī pō ér jiàn， gòng yǒu céng， hái yǒu dì xià shì。 gōng
方米，依坡而建，共有3层，还有地下室。宫
zhōng dà xiǎo fáng wū gòng jǐ bǎi jiān， jūn yóu yū huí qū zhé de láng dào
中大小房屋共几百间，均由迂回曲折的廊道
lián jiē。 wáng gōng jié gòu zhī fù zá， shí wéi hǎn jiàn。 xué zhě men
连接。王宫结构之复杂，实为罕见。学者们
rèn wéi， zhè jiù shì chuán shuō zhōng mǐ nuò sī shuāng fǔ mí gōng， yīn
认为，这就是传说中米诺斯双斧迷宫，因
wèi zài fèi xū zhōng fā xiàn le shuāng fǔ biāo zhì。
为在废墟中发现了双斧标志。

kǎo gǔ xué jiā zài wáng gōng de qiáng bì shang fā xiàn zhǒng zhǒng tí
考古学家在王宫的墙壁上发现种种题
cái de bì huà， shàng miàn huì chū de dōu shì xiē guó wáng hé guì zú fù
材的壁画，上面绘出的都是些国王和贵族妇
nǚ jí pú yì de xíng xiàng。
女及仆役的形象。

这些壁画历经数千载之久，色泽仍然鲜丽如初。在王宫一个仓库里发现了许多一人高的大陶缸，里面装着粮食、橄榄油和酒。在另一些仓库里放着战车和兵器。一间外面包着铅皮的小室贮藏着国王的巨大财富，其中包括无数的宝石、黄金饰物和印章。

在出土的文物中，最有历史价值的是那些数万张刻有文字的泥版，在这些泥版上，

gǔ kè lǐ tè shī rén xiàn xíng wén zì jì shù le guó wáng de dàng àn hé
古克里特诗人线形文字记述了国王的档案和

zhòng yào shì jiàn yí kuài wén zì ní bǎn shàng hè rán xiě zhe yǎ
重要事件。一块文字泥版上赫然写着："雅

diǎn gòng lái fù nǚ rén tóng zǐ jí yòu nǚ gè yì míng zhè bù
典贡来妇女7人，童子及幼女各一名"。这不

jīn shǐ rén xiǎng qǐ guān yú mǐ nuò sī wáng qiǎng pò yǎ diǎn jìn gòng tóng nán
禁使人想起关于米诺斯王强迫雅典进贡童男

tóng nǚ de gù shi
童女的故事。

kè lǐ tè wén míng de qǐ yuán
克里特文明的起源

kè lǐ tè wén míng kāi shǐ hěn zǎo gōng yuán qián nián
克里特文明开始很早，公元前3000年，

那里已进入铜器时代，出现象形文字，并有
相当规模的建筑物。约前17世纪至前16世纪
被毁。公元前2000年代中叶，克里特达到青
铜时代全盛期，在诺萨斯及法埃斯托斯出现
相当宏伟的宫殿式建筑和各种精制的工艺品
及线形文字"A"。表明当时已经是阶级社
会，其居民据认为多半来自西亚。约前1400

nián kě néng huǐ yú huǒ shān bào fā
年可能毁于火山爆发。

qīng tóng shí dài zhōng wǎn qī wén huà yòu chēng mǐ nuò sī
青铜时代中、晚期文化，又称"米诺斯

wén míng yuán yú gǔ dài xī là shén huà zhōng zhī kè lǐ tè wáng mǐ
文明"，源于古代希腊神话中之克里特王米

nuò sī de míng zì
诺斯的名字。

dì zhōng hǎi dōng bù de kè lǐ tè dǎo shì gǔ dài ài qín wén míng
地中海东部的克里特岛是古代爱琴文明

de fā yuán dì ōu zhōu zuì zǎo de gǔ dài wén míng zhōng xīn
的发源地，欧洲最早的古代文明中心。

kè lǐ tè wén míng de fā zhǎn
克里特文明的发展

kè nuò suǒ sī wèi yú kè lǐ tè dǎo běi bù zhè li zuì zǎo
克诺索斯位于克里特岛北部，这里最早

de gōng diàn yú gōng yuán qián nián zuǒ yòu xīng jiàn yú xīn shí qì shí
的宫殿于公元前1900年左右兴建于新石器时

114

代的居民点内。这个时期，政治、经济和社会组织得以发展，与东地中海沿岸的贸易频繁，与埃及、腓尼基、小亚细亚、西西里、意大利等地有广泛的联系。

　　接着在法伊斯托斯、马利阿、扎克罗斯等地也都出现了宫殿。克诺索斯的后宫殿毁于地震或战祸，后又重建，而且更加雄伟。这是一个由多座两层以上楼房组成的完美建筑

群，有专供举行祭祀的场所。

公元前1500年左右，克诺索斯和法伊斯托斯等地的宫殿同时遭到破坏，有人认为是由于锡拉岛附近的火山爆发。公元前1450年左右，宫殿遭到人为破坏，可能是由于巴尔干半岛希腊人的入侵。从这时起希腊人成了克里特岛的主宰，并逐渐与当地原有居民融合，克里特文明亦随之结束。

克里特文明繁荣时期

公元前1700年至公元前1450年是克里特文明的繁荣时期，克诺索斯的米诺斯王朝不仅统治克里特岛，还包括基克拉迪斯群岛。

克里特首都克诺索斯有80000人口，加上海港共在10万人以上。克诺索斯城的主体是庞大复杂的宫殿建筑群，由于拥有当时最强大的海军，克诺索斯城的宫殿几乎无外患之忧，只是因为没有坚固的围墙和城堡，所以在外观上不像埃及等地的宫殿看起来那样高大宏伟。

克里特文明的消失

3000多年前在地中海上曾经盛极一时的克里特文明最后突然神秘消失。究竟是什么原因造成这个古代文明的蒸发，这一切具体又是发生在什么时候，这已经成为困扰考古学

界多年的难解之谜。一段在地下埋藏数千年的橄榄枝有望成为解开这个谜团的钥匙，丹麦科学家曾在《科学》杂志上发表论文说，毁灭整个克里特文明的可能是10000年来最大规模的火山喷发。

科学家说，大约3600多年前，锡拉岛上一座火山突然猛烈喷发，其喷出的烟柱上升

到高空，火山灰甚至随风飘散到格陵兰岛、我国和北美洲。

火山喷发还引发了大海啸，高达12米的巨浪席卷了距离锡拉岛100多千米的克里特岛，摧毁了沿海的港口和渔村。而且，火山灰长期飘浮在空中，造成一种类似核大战之后的"核冬天"效应，造成此后几年农作物连续歉收。克里特文明可能因此遭受了毁灭性打击，迅速走向衰亡。

科学家认为，克里特文明与古埃及新王朝有着密切的商业和文化交流，受到古埃及文明的影响。然而，最新确定的时间表却否定了这种看法，因为古埃及新王朝开始于公元前16世纪，而那时克里特文明已经不复存在。

爱琴海的迈锡尼文明

文明的出现

爱琴海文明是希腊及爱琴地区史前文明的总称。它曾被称为"迈锡尼文明"，因为这一文明的存在被海因里希·施里曼对迈锡尼

始于1876年的发掘而进入人们的视野。然而，后续的发现证明迈锡尼在爱琴文明的早期并不占中心的地位，因而后来更多地使用更为一般的地理名称来命名这个文明。

迈锡尼文明是希腊青铜时代晚期的文明，它由伯罗奔尼撒半岛的迈锡尼城而得名。

约公元前2000年左右，希腊人开始在巴尔干半岛的南端定居。从公元前16世纪上半叶起逐渐形成一些奴隶占有制国家，出现了迈锡尼文明。

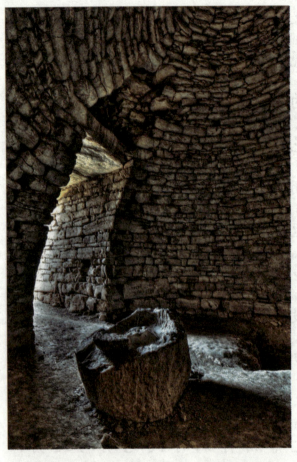

起源和持续

存在了至少3000多年的爱琴文明在多大程度上可以被认为是持续的？

考古发掘提供了许多证据以回答这一问题。爱琴文明的根可以追溯到漫长的原始新石器时代，这一时期代表为克诺索斯将近6米厚的地层，它包含了石器以及手工制作打磨的器皿的碎片，显示了从底层到顶端持续的技术发展。

这一米诺斯文明层可能比希沙立克的最

底层年代更早。它的结束标志为对陶器上白色充填的锯齿状 装饰的引进，还发现了以其单色颜料对其主题的复制品

。在这一阶段结束后，紧接着的是青铜时代的开端，以及米诺斯文明的第一阶段。

因此，对于分层的仔细观察可以辨认出另

外8个阶段，每一个阶段都标志有陶器风格的重要进步。

这些阶段占据了整个青铜时代，而后者的终结，标志为铁这一更为先进的材料的引入，也宣告了爱琴时代的落幕。

约前1000年铁在全爱琴范围内获得使用，这种材料或可能是一批北方的入侵者赖以成功的手段，他们在早期定居点的废墟上

jiàn lì qǐ le zì jǐ de tǒng zhì
建立起了自己的统治。

tóng shí　duì yú xīn shí qì shí dài zhī hòu de　gè kè nuò suǒ
同时，对于新石器时代之后的9个克诺索
sī shí qī　wǒ men kě yǐ guàn chuān qí zhōng guān chá dào le　yì zhǒng fēi
斯时期，我们可以贯穿其中观察到了一种非
cháng xiān míng de　yǒu xù ér chí jiǔ de táo cí yì shù de quán fāng wèi
常鲜明的、有序而持久的陶瓷艺术的全方位
de fā zhǎn
的发展。

cóng yí gè jiē duàn mài xiàng lìng yí gè jiē duàn　zhuāng shì de zǔ
从一个阶段迈向另一个阶段，装饰的组

织、形式以及内容逐渐发展。

因而直至这2000多年之久的演化末期，原初的影响仍然清晰可辨，这一涓涓细流没有丝毫被打乱的迹象。这个事实可以进一步说明整个文明一直在其基础和本质上沿承着自己的脉络。

虽然在其他艺术种类的遗存中这一论断的例证不够丰富，壁画艺术起码在晚期显示了同样有序的发展；而对于宗教，我们至少可以说没有突变的迹象，从统一的自然崇拜通过各个正常的阶段直至晚期发展出拟人神。没有迹象表明有传入的神祇或宗教理念。

爱琴海文明是土生的文明，深深植根于这片土壤，顽强地在整个新石器时代以及青铜时代延续和成长在自己的土地上。

然而有少量证据表现出一些变化，例如

外来的小型部落的入侵，他们接受了文化上更占优势的被征服者的文明而融入了后者。克诺索斯王宫的多次重建可能提供了可信的证据。

在爱琴海北部地区迈锡尼、梯林斯以及希沙立克的宫殿中所发现的"正殿"布置可能说明它们是晚期的作品，因为没有一个显示出类似克里特的那种独有的设计。

图书在版编目（CIP）数据

史前的文明 / 信自立著. -- 长春：吉林美术出版
社，2015.8（2021.7重印）
　（人类奥秘探索小窗口）
　ISBN 978-7-5575-0052-8

　Ⅰ．①史⋯ Ⅱ．①信⋯ Ⅲ．①远古文化－世界－儿童
读物 Ⅳ．①K11-49

中国版本图书馆CIP数据核字(2015)第193407号

人类奥秘探索小窗口　史前的文明

出 版 人	赵国强
责任编辑	魏 冰
开　　本	710mm×1000mm 1/16
印　　张	8
字　　数	46千字
版　　次	2015年8月第1版
印　　次	2021年7月第3次印刷
印　　刷	汇昌印刷（天津有限公司）
出　　版	吉林美术出版社有限责任公司
发　　行	吉林美术出版社有限责任公司
地　　址	长春市人民大街4646号
电　　话	总编办：0431-81629572

定　　价	29.80元